AF369664

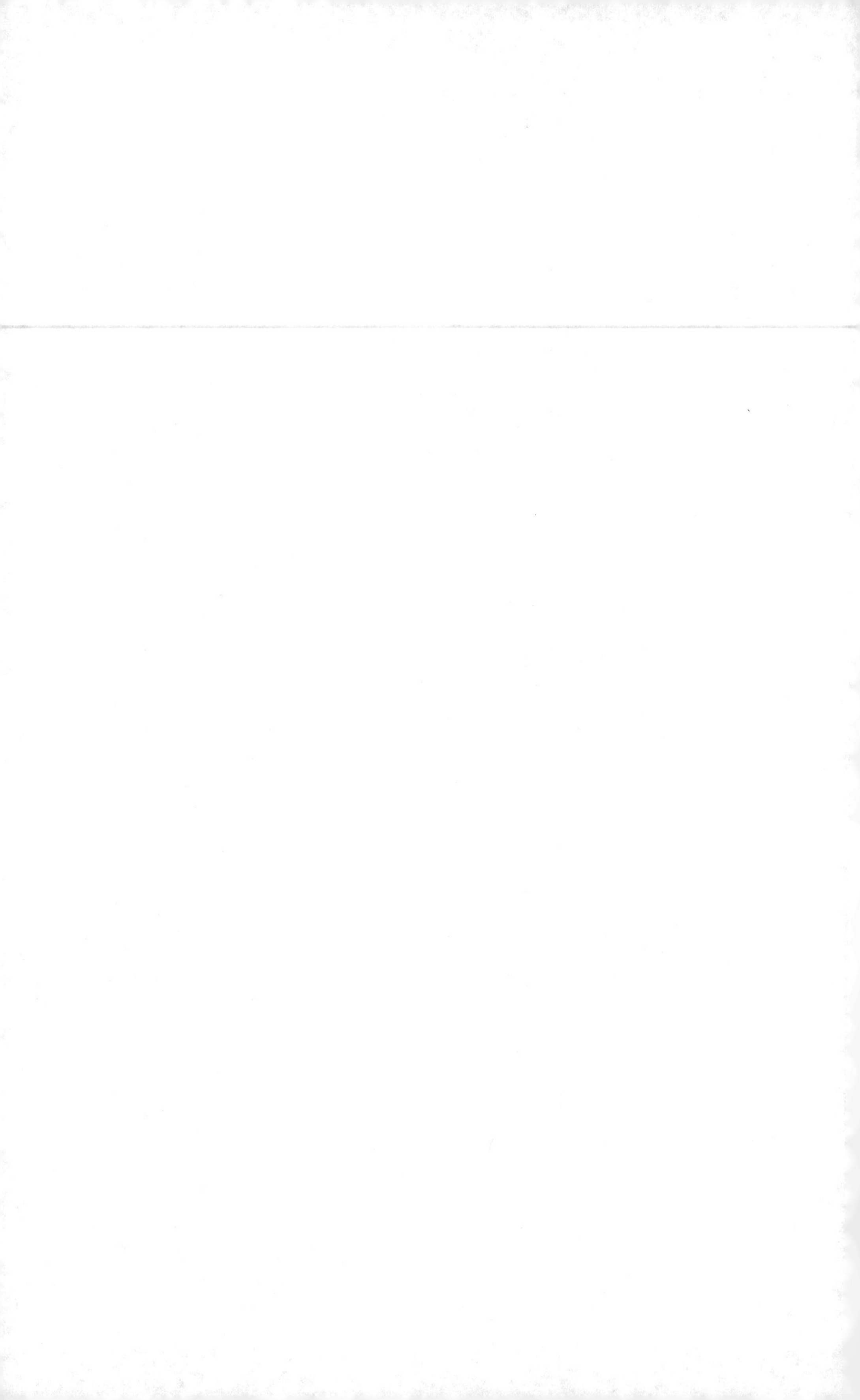

VENTE

DU SAMEDI 25 FÉVRIER 1888

Hôtel Drouot, Salle nº 8

TABLEAUX

PAR

TROUILLEBERT

Me HENRI LECHAT	M. JULES CHAINE
COMMISSAIRE-PRISEUR	EXPERT
6, rue Baudin, square Montholon	5, rue de la Paix

EXPOSITION PUBLIQUE LE VENDREDI 24 FÉVRIER 1888

DE 1 HEURE A 5 H. 1/2, SALLE Nº 8

CATALOGUE

CONDITIONS DE LA VENTE

La vente sera faite au comptant.

Les acquéreurs payeront cinq pour cent en sus des enchères applicables aux frais.

TABLEAUX

PAR

TROUILLEBERT

DONT LA VENTE AURA LIEU

HOTEL DROUOT

Salle N° 8

LE SAMEDI 25 FÉVRIER 1888

A 3 heures très précises

COMMISSAIRE-PRISEUR

Mᵉ Henri LECHAT, 6, rue Baudin (square Montholon)

EXPERT

M. Jules CHAINE, 5, rue de la Paix

Chez lesquels on délivre le Catalogue

EXPOSITION PUBLIQUE LE VENDREDI 24 FÉVRIER

De 1 heure à 5 heures 1/2

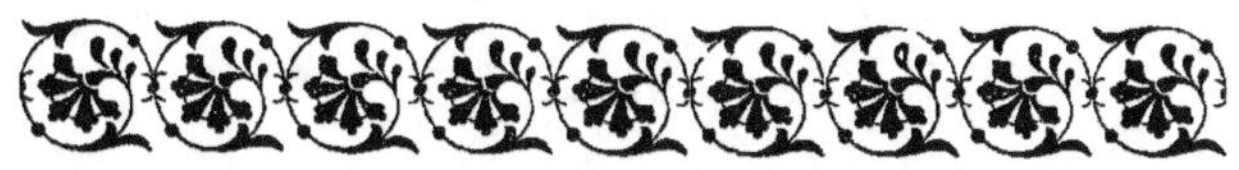

TABLEAUX

PAR

TROUILLEBERT

DÉSIGNATION

1. LES BORDS DU CLAIN; *Poitou.*

> H. 0.65 — L. 0.81

2. LA SARTHE, A FRESNAY.

> H. 0.60 — L. 0.96

3. CHEMIN AU BORD DE LA VONNE; *Poitou.*

> H. 0.58 — L. 0.37

4. Une Ile de la Seine, a Poses.

H. 0.60 — L. 0.86

5. Prairie, a Tillières ; *Normandie.*

H. 0.37 — L. 0.32

6. Femme couchée.

H. 0.16 — L. 0.30

7. Cabaret au bord de la Seine, a Port-Villez.

H. 0.27 — L. 0.22

8. La Fortune ; *Esquisse.*

H. 0.43 — L. 0.34

9. Pont sur l'Oise, a Cergy.

H. 0.32 — L. 0.41

10. Tourbière a Hangest ; *Picardie.*

H. 0.47 — L. 0.65

11. La pointe de l'Ile de Criquebeuf ;

   Normandie.

H. 0.47 — L. 0.65

12. Moulin des Garçonnets, a Romorantin.

H. 0.41 — L. 0.48

13. Le Clocher de Breux ; *Normandie.*

H. 0.32 — L. 0.46

14. Le Pont Bineau et l'Ile de la Grande-Jatte.

H. 0.38 — L. 0.55

15. Canal San Cassano ; *Venise.*

H. 0.41 — L. 0.21

16. Une Mare a Hermé.

H. 0.41 — L. 0.32

17. CHEMIN DE LA PLAINE, A HERMÉ.

H. 0.30 — L. 0.47

18. VIEILLES MAISONS SUR LA LOUE, A QUINGEY.

H. 0.38 — L. 0.46

19. UNE FERME, A HERMÉ.

H. 0.34 — L. 0.46

20. MOULIN A HUILE, PRÈS MENTON.

H. 0.49 — L. 0.41

21. PRAIRIE, A BRETIGNY, PRÈS DIJON.

H. 0.42 — L. 0.33

22. SAULÉE, A CERGY.

H. 0.39 — L. 0.56

23. LA NORGE, A BRETIGNY, PRÈS DIJON.

H. 0.46.— L. 0.55

24. La Coursure; *Fresnay-sur-Sarthe.*

H. 0.50 — L. 0.41

25. La Sarthe, au Bourgneuf; *Fresnay-s.-Sarthe.*

H. 0.38 — L. 0.55

26. La Récolte des olives, a Menton.

H. 0.44 — L. 0.55

27. Le Bourg-Neuf, a Fresnay-sur-Sarthe.

H. 0.57 — L. 0.46

28. Saulée, a Fresnay-sur-Sarthe.

H. 0.48 — L. 0.55

29. Moulin a Caolin, sur la Vienne; *Limousin.*

H. 0.38 — L. 0.55

30. Un bois d'oliviers en Décembre, a Menton.

H. 0.40 — L. 0.56

31. LE CAP MARTIN, PRÈS MENTON.

> H. 0.38 — L. 0.55

32. LE TROU AUX GRENOUILLES; *Normandie.*

> H. 0.17 — L. 0.30

33. MAISONS A PORTEJOIE; *Normandie.*

> H. 0.22 — L. 0.27

34. MOULIN DE COMBES; *Sarthe.*

> H. 0.29 — L. 0.41

35. LE BOIS DE LA CHAISE; *Noirmoutiers.*

> H. 0.32 — L. 0.41

36. PRAIRIE AU BORD DE LA NORGE, PRÈS DIJON.

> H. 0.32 — L. 0.46

37. L'ÉGLISE DE GRANDCAMP; *Normandie.*

> H. 0.24 — L. 0.35

38. Jardin aux environs de Fresnay-sur-Sarthe.

H. 0.38 — L. 0.32

39. La Voiture du Plombier ; *Les Chaises, près Hermé.*

H. 0.32 — L. 0.33

40. La Ferme des Chaises, près Hermé.

H. 0.26 — L. 0.41

41. En allant au Cap Martin, près Menton.

H. 0.32 — L. 0.41

42. Une Mare a Cergy.

H. 0.34 — L. 0.42

43. Saulée au bord de l'Avre, a Tillières.

H. 0.41 — L. 0.32

44. L'Ile du Bourgneuf ; *Fresnay-sur-Sarthe.*

H. 0.28 — L. 0.38

45. La Butte; *Fresnay-sur-Sarthe*.

H. 0.47 — L. 0.41

46. Le Pont Saint-Aubin; *Fresnay-sur-Sarthe*.

H. 0.34 — L. 0.46

PARIS. — IMPRIMERIE MAYER ET Cie. 18, RUE RICHER. — 6519